Dirección Editorial: **Raquel López Varela**
Coordinación Editorial: **Ana María García Alonso**
Maquetación: **Cristina A. Rejas Manzanera**
Diseño de cubierta: **Óscar Carballo Vales**

© del texto Yanitzia Canetti
© de la ilustración Marta Costa
© EDITORIAL EVEREST, S. A.
Carretera León-La Coruña, km 5
ISBN: 978-84-241-7071-4
Depósito legal: LE. 1228-2009
Printed in Spain - Impreso en España
EDITORIAL EVERGRÁFICAS, S. L.
Carretera León-La Coruña, km 5
LEÓN (España)
Atención al cliente: 902 123 400
www.everest.es

había otra vez...

El patito bello

ilustrado por Marta Costa

Yanitzia Canetti

everest

Mamá Pata estaba un día
paseando cerca del río,
cuando vio un huevo grande
y dijo: —Esto no es mío.

El huevo estaba solito,
no había nadie en el lugar.
Mamá Pata pensó y dijo:
—¿Lo debería adoptar?

Mas luego se arrepintió.
—Yo ya tengo diez patitos.
¿Para qué querría yo
un huevo que no es bonito?

Dijo esto y se marchó.
Dejó el huevo abandonado.
Y otra pata que pasó
se lo llevó hacia otro lado.

(La pata que lo adoptó
es la del cuento famoso
donde un patito muy feo
se convirtió en cisne hermoso.)

Mas la pata de este cuento
se pasaba todo el día
nadando por la laguna
y cuidando de sus crías.

Uno de ellos, el más lindo
que nadaba por la orilla,
tenía un pico muy brillante
y las alas amarillas.

Era el hijo favorito.
Era el hijo mimado.
Era el hijo bonito.
Era el hijo adorado.

Cuando el patito batía
sus alas amarillas,
su mamá le decía:
—¡Pero qué maravilla!

Cuando el patito graznaba
por el camino,
su mamá le decía:
—¡Ay, qué divino!

Cuando el patito pescaba
algo en el río,
su mamá le decía:
—¡Es hijo mío!

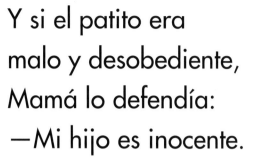

Y si el patito era
malo y desobediente,
Mamá lo defendía:
—Mi hijo es inocente.

—No tiene culpa de nada.
Él nunca hace nada mal.
Es un patito perfecto.
Mi hijo es fenomenal.

Así crecía el patito,
siendo en todo el primero,
creyendo que era el pato
mejor del mundo entero.

—Soy un pato distinto.
Soy muy buen nadador.
Soy un pato estupendo,
el más bello, el mejor.
Soy un pato fantástico.
Y en todo soy experto.
Soy un pato magnífico.
Soy un pato perfecto.

Poco a poco se hizo
tan tonto y vanidoso
que ya nadie notaba
que era un patito hermoso.

Un día vio a un pavo real
con su cola de abanico.
No podrán ni imaginar
lo que salió de su pico.

—Qué patas tan feas tienes,
mi querido pavo real.
Y tu cara es espantosa.
Tú no eres nada especial.

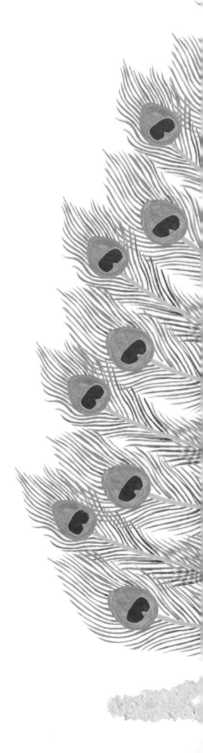

Un día vio a un cisne
con su cuello elegante.
No quieran ni saber
lo que dijo el pedante.

—Eres un cisne horrible,
con el cuello torcido.
Y tus plumas son blancas…
¿no es acaso aburrido?

17

Un día vio a un gallo
de cresta colorada.
Y mejor que el patito
no hubiera dicho nada.

Pero el muy presumido
no se pudo aguantar:
—¿Quién te dijo, gallito,
que tú sabes cantar?

A su paso, el patito…
¡cuántas cosas decía!
Y aunque fueran groseras,
su mamá lo aplaudía.

El patito bello ofendía
siempre a cada animal,
diciéndoles cosas feas
y tratándolos muy mal.

Los animales entonces
se pusieron de acuerdo.
—Hay que darle una lección
—dijo enojado el cerdo—.
A mí me dijo un día
que me pusiera a dieta.
La verdad que este pato
no es cortés ni respeta.
Es verdad que yo estoy
pasadito de peso,
pero él me dijo "gordo",
y no me gustó eso.

—A mí me dijo "fea"
—confesaba la rana—,
y se burla de mí
toditas las mañanas.
Dijo que mis ojitos
tan dulces y amorosos
eran ojos saltones
horribles y espantosos,
que mi boca era grande,
que mi piel era fría,
y que por eso al verme
toda la gente huía.
Eso me dijo ayer,
también el otro día,
y me dijo más cosas
que no repetiría.

—Eso no es nada, amiga
—la consoló el ratón—.
Lo menos que me dijo
es que yo era orejón.
También me dijo que era
un animal miedoso,
dentudo, rabilargo,
peludo y asqueroso.

—Pues me parece injusto,
un daño, un atropello.
—dijo el buey con disgusto
al escuchar aquello.

Luego intervino el cisne
alargando su cuello:
—Me parece muy feo
ese Patito Bello.

Un día, por la tarde,
a eso de las nueve,
Patito fue a nadar.
Recuerdo que era jueves.

De pronto se encontró
con algo inesperado.
Cocodrilo quería
tragarlo de un bocado.
—Ay, no, Cocodrilito
—dijo el pato asustado—.
Yo soy el más bonito…
¡Y mira qué bien nado!

—Eres perfecto —dijo—.
Lindo, bello y hermoso,
fantástico, estupendo,

magnífico y grandioso,
eres extraodinario
y digno de alabanza.
Eres tan exquisito
que te quiero… ¡en mi panza!

Como ya era tan tarde
y estaba todo oscuro
nadie pudo ayudarlo
a salir del apuro.

El patito logró
salir con vida
y se libró de ser
una comida.

Pero escapó de allí
más que asustado:
con el pico mordido
y todo desplumado.

—Ay, qué feo quedé
—lloró desconsolado
aquel que fuera un día
tan bello y admirado.

Los animales, todos,
curaron sus heridas,
lo abrigaron del frío
y le dieron comida.

Después de varios días
resultó sorprendente
que el patito tratara
a todos dulcemente.

Y se volvió tan bueno,
amable y cariñoso,
que aunque fuera pelón
él parecía hermoso.
El patito aprendió
por siempre la lección.
Es bello el que hace cosas
bellas de corazón.